Gott ist mit uns

Herzliche Segenswünsche

benno

Weihnachtssegen

Nicht, dass das Leid dich immer verschone,
noch dass dein zukünftiger Weg stets mit Rosen
geschmückt sei,
dass keine Träne über deine Wange fließe
und du keinen Schmerz erleiden musst
– dies alles wünsche ich dir nicht.

Was ich dir von Herzen wünsche, ist,
dass die Gaben Gottes in dir wachsen,
dass immer ein Freund an deiner Seite steht,
der deiner Freundschaft wert ist.
Und dass dich in Freud wie in Leid
das Lächeln des Mensch gewordenen Gotteskindes
begleiten und beglücken möge.

Irischer Segenswunsch

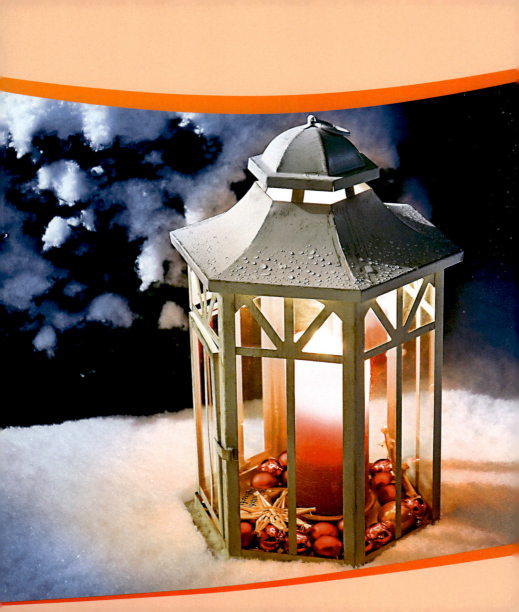

Gebet zur Weihnachtszeit

Herr, erleuchte unser Leben, damit wir das Licht der Nachricht an andere weitergeben können.
Gott ist Zärtlichkeit für jene mit gebrochenem Herzen.
Gott ist Freiheit für jene, die gefangen sind.
Gott ist Liebe für jene, die leiden und hoffen.
Gott ist Gerechtigkeit für jene, die am Rande stehen und Hunger haben nach wahrem Leben.
Mögen die Kerzen uns während dieser Wochen daran erinnern, dass wir selbst ein Licht sein können.
Dein Licht möge mit uns sein, und es möge uns führen durch die Tage und Wochen der Weihnacht.

Keltischer Segenswunsch

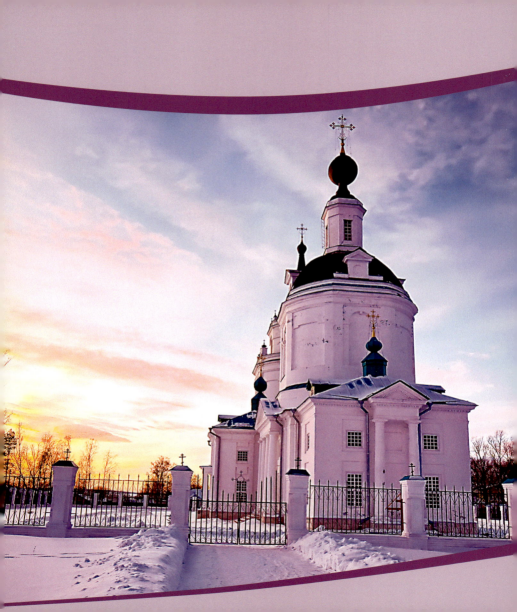

Von guten Mächten treu und still umgeben

Von guten Mächten treu und still umgeben,
behütet und getröstet wunderbar,
so will ich diese Tage mit euch leben
und mit euch gehen in ein neues Jahr.
…
Lass warm und hell die Kerzen heute flammen,
die du in unsre Dunkelheit gebracht,
führ, wenn es sein kann, wieder uns zusammen.
Wir wissen es, dein Licht scheint in der Nacht.
…
Von guten Mächten wunderbar geborgen,
erwarten wir getrost, was kommen mag.
Gott ist bei uns am Abend und am Morgen
und ganz gewiss an jedem neuen Tag.

Dietrich Bonhoeffer

Neujahrsgedicht

Wir wollen glauben
an ein langes Jahr,
das uns gegeben ist,
neu, unberührt,
voll nie gewesener Dinge,
voll nie getaner Arbeit,
voll Aufgabe, Anspruch und Zumutung.

Wir wollen sehen,
dass wir's nehmen lernen,
ohne allzu viel fallen zu lassen von dem
was es zu vergeben hat,
an die, die Notwendiges, Ernstes und Großes
von ihm verlangen.

Rainer Maria Rilke

Das vergangene Jahr

Ich wünsche dir,
dass das vergangene Jahr in Ruhe zu Ende geht.
Dass du alles, was nicht nach deinen Wünschen war,
ins tiefe Meer des Vergessens wirfst.
Dass du nur beibehältst, was dir Gutes gelang
und was dir geschenkt wurde.
So wirst du getrost dem neuen Jahr entgegensehen.
Es soll dir bescheren
ein Päckchen Glück
und etwas Trübes.
Das eine, damit du dich drüber freust,
das andere, damit du es vom Guten
unterscheiden kannst.

Irischer Segenswunsch

Das neue Jahr regieren

Was würden Sie tun,
wenn Sie das neue Jahr regieren könnten?

Ich würde vor Aufregung wahrscheinlich die ersten Nächte schlaflos verbringen und darauf tagelang ängstlich und kleinlich ganz dumme selbstsüchtige Pläne schwingen.

Dann – hoffentlich – aber laut lachen und endlich den lieben Gott abends ganz leise bitten, doch wieder nach seiner Weise das neue Jahr göttlich selber zu machen.

Joachim Ringelnatz

Bitte um ein ertragreiches Jahr

Du bist Anfang, Mitte, Ziel.
Wer in deinem Namen all sein Tun und Werk beginnt,
der sät guten Samen.
Segne meine Arbeit jetzt, dass sie wohl gelinge,
dass ich das, was nützt und baut,
lehrt und hilft, vollbringe.

                                           Johann Amos Comenius

Bibliografische Information der Deutschen Nationalbibliothek
Die Deutsche Nationalbibliothek verzeichnet diese Publikation
in der Deutschen Nationalbibliografie; detaillierte bibliografische
Daten sind im Internet über http://dnb.d-nb.de abrufbar.

Textnachweis:
Dietrich Bonhoeffer: Widerstand und Ergebung © 1998, Gütersloher
Verlagshaus, Gütersloh, in der Verlagsgruppe Random House GmbH

Bildnachweis:
U1: © Chaotic PhotographY/Fotolia.de
U2/S. 1, S. 16/U3: © Sunny studio-Igor Yaruta/shutterstock.de
S. 2/3: © mohnblume / Fotolia.de
S. 4/5: © tom / Fotolia.de
S. 6/7: © sborisov / Fotolia.de
S. 8/9: © utflytter / Fotolia.de
S.10/11: © flucas / Fotolia.de
S. 12/13: © Vera Kuttelvaserova / Fotolia.de
S. 14/15: © Wouter Tolenaars / Fotolia.de

Besuchen Sie uns im Internet:
www.st-benno.de

Gern informieren wir Sie unverbindlich und aktuell auch in unserem
Newsletter zum Verlagsprogramm, zu Neuerscheinungen und Aktionen.
Einfach anmelden unter www.st-benno.de (newsletter@st-benno.de).

ISBN 978-3-7462-3678-0

© St. Benno-Verlag GmbH
   Stammerstr. 11, 04159 Leipzig
Gesamtherstellung: Arnold & Domnick, Leipzig (A)